FAUST,

DRAME LYRIQUE EN TROIS ACTES,

PAR M. E. THÉAULON.

REPRÉSENTÉ pour la première fois sur le THÉATRE DES NOUVEAUTÉS, le 27 octobre 1827.

PRIX : 2 FR.

PARIS,

AU MAGASIN DES PIÈCES DE THÉATRE,

DE DUVERNOIS, LIBRAIRE,

COUR DES FONTAINES, N° 4, ET PASSAGE DE HENRI IV, N°S 10, 12 ET 14.

1827.

La musique a été arrangée par M. Béancourt,
chef d'orchestre du théâtre. Les décors sont de
M. Cicéri.

FAUST.

<table>
<tr><td>

PERSONNAGES.

</td><td>

ACTEURS.

</td></tr>
</table>

FAUST, savant célèbre.	MM. Armand.
CONRAD, vieux soldat. . . , . . .	Casaneuve.
CHRISTOPHE WAGNER, domestique de Faust (60 ans).	Émile.
MÉPHISTOPHELÈS, esprit infernal.	Bouffé.
UN SOLDAT parlant.	Fleury.
MARGUERITE, fille de Conrad. . . .	Mmes Albert.
MINA, jeune fille attachée à Marguerite.	Miller.
L'ombre de Sapho.	Virginie.
L'ombre de Cléopatre.	Alphonse.
L'ombre de Phryné.	Bury.
L'ombre de Laïs.	Laurence.
L'ombre d'Aspasie. . . . . , .	Parée.
L'ombre de Rodope.	Joséphine.

Seigneurs, soldats; démons sous la forme de valets, con‑
vives de Faust, paysans des deux sexes.

La scène est en Allemagne, près de Wittemberg et des bords de l'Elbe
(au 15ᵉ siècle).

IMPRIMERIE DE FARCY, RUE DE LA TABLETTERIE, Nᵒ 9.

FAUST,

DRAME LYRIQUE EN TROIS ACTES.

ACTE PREMIER.

Le théâtre représente une salle basse, dans une gothique tourelle, meublée très simplement. D'un côté on voit une vieille armure suspendue à la muraille ; de l'autre, une petite bibliothèque remplie de livres manuscrits enfumés.

SCÈNE PREMIÈRE.

CONRAD, endormi dans un grand fauteuil ; MARGUERITE, filant au rouet ; MINA, assise près d'elle.

(Au lever du rideau on entend siffler le vent, et la grêle tomber contre les vitreaux.)

MINA, allant vers la porte.

Quel temps effroyable!... impossible de poursuivre mon chemin ; et ma mère m'envoie porter ce panier de fruits aux orphelines de Rosenthal!

MARGUERITE.

Vous n'avez plus que la forêt à traverser.

MINA.

Oui ; mais je voudrais la passer en plein jour, car on raconte sur ce bois épais tant de choses si terribles... A propos de cela, Marguerite, chantez-moi donc la ballade du château d'Irnestal.

MARGUERITE.

Je craindrais de réveiller mon père.

MINA.

Puisque la grêle et le vent ne le réveillent pas...
d'ailleurs, vous me chanterez cela bien doucement,
là, dans ce coin.

MARGUERITE.

Je le veux bien.

(Elle porte son rouet de l'autre côté du théâtre, et s'assied. Mina en fait autant.)

BALLADE DU CHATEAU D'IRNESTAL.

PREMIER COUPLET.

(à voix basse.)

Voyez là-bas sur la colline
Ces murs que la foudre a noircis ;
Cette immense et triste ruine
Fut un manoir au temps jadis.
De l'Elbe aux rives de la Seine,
Ce manoir était sans égal :
Ses créneaux régnaient sur la plaine.
Qu'il était beau, le château d'Irnestal !
Qu'il était beau !

ENSEMBLE, à voix basse.

Qu'il était beau !

(La grêle bat les fenêtres avec plus de violence ; Mina se rapproche de Marguerite.)

SECOND COUPLET.

L'envie à son aspect s'éveille ;
De la Saxe un noble baron,
Pour acquérir cette merveille
Fit un pacte avec le démon.
(La grêle et le vent redoublent.)
Vingt ans il éblouit le monde ;
Mais enfin, au terme fatal,

Sur le château la foudre gronde...
Il est tombé, le château d'Irnestal !
Il est tombé !

ENSEMBLE.

Il est tombé !

(On entend toujours les sifflemens du vent dans les vitreaux :
Mina se rapproche encore de Marguerite.)

TROISIÈME COUPLET.

Il n'en resta qu'une tourelle
Où, loin d'un regard ennemi,
On cachait l'image fidèle
De celle qui l'avait bâti.
Cette terre devint stérile,
Et sur ce débris infernal
Le passant disait, immobile :
Où donc est-il, le château d'Irnestal ?
Où donc est-il ?

ENSEMBLE.

Où donc est-il ?

MINA.

Voyons le quatrième couplet.

MARGUERITE.

Silence, mon père s'éveille, et il n'aime pas que
je chante cette romance... Il dit qu'elle est trop
triste...

MINA.

C'est dommage !... car elle est bien intéressante,
et j'aurais bien voulu l'entendre jusqu'au bout.

MARGUERITE.

Une autre fois.

CONRAD s'éveillant.

Quel temps horrible !

MARGUERITE tristement.

Frédéric ne viendra pas aujourd'hui.

CONRAD.

Bon! la grêle, le vent et la pluie n'ont jamais arrêté les amoureux.

MINA.

Au contraire, çà les fait venir plus vite.

MARGUERITE.

Pourquoi cela, mademoiselle Mina?

MINA.

C'est qu'ils ont peur de se mouiller.

CONRAD.

Oh! Frédéric viendra, car c'est aujourd'hui qu'il doit apporter le consentement de son oncle à votre mariage.

MINA.

C'est singulier, mamzelle Marguerite; je connais beaucoup M. Christophe Wagner, le domestique du seigneur Faust, moi, et je n'ai jamais entendu dire que ce savant eût un neveu.

MARGUERITE.

M. Frédéric est nouvellement arrivé de l'université de Leipsick, où il était professeur.

MINA.

C'est différent; mais il y a une autre chose qui m'embarrasse, voyez-vous; votre père parlait tout-à-l'heure de la fortune du seigneur Faust, et tout le monde sait dans le pays que ce savant est presque dans la misère.

CONRAD.

On se trompe; il est impossible qu'après tant de

glorieux travaux et avec une réputation qui remplit aujourd'hui l'Europe entière, le seigneur Faust n'ait point amassé une fortune honorable.

MINA.

Avec çà qu'on dit qu'il est un peu sorcier... Et il faut bien que cela soit, car d'une seule Bible il en fait tant qu'il veut avec une encre rouge qui ne s'efface plus... Mais ce n'est pas étonnant si, comme on le dit, on la fabrique en enfer.

CONRAD.

Taisez-vous, ignorante !... Ces livres que Faust multiplie à l'infini, c'est l'imprimerie qu'il a perfectionnée !... et toute sa sorcellerie n'est que dans la science que lui ont acquise vingt années d'études et de travaux ; depuis l'âge le plus tendre, le seigneur Faust est à la recherche de tout ce qui peut tendre au bonheur, à la gloire des hommes !... et son nom doit être cher à toute l'Allemagne ; mais si en effet il n'a point de fortune, si Frédéric, son neveu, ne peut assurer à Marguerite un sort tranquille et doux, jamais je ne consentirai à ce mariage.

MINA.

Mais pourtant, seigneur Conrad, on dit aussi dans ce pays que vous êtes riche comme un seigneur saxon.

CONRAD.

Si j'étais riche, mademoiselle Mina, j'assurerais d'abord le bonheur de ma fille en l'unissant à celui qu'elle aime ; mais on devrait savoir que je ne suis qu'un soldat, métier qui n'enrichit guère aujourd'hui, et que je n'ai pour toute fortune que les modestes offrandes apportées tous les mois par les jeunes filles du canton , aux pieds de la statue des ruines d'Irnestal.

MINA.

Dire qu'une statue de bronze a le pouvoir de protéger la vertu des jeunes filles... car enfin ce n'est pas un conte... moi, par exemple, depuis que j'ai attaché ma couronne de roses blanches à son piédestal, je ne peux pas souffrir les garçons.

CONRAD.

Cette statue est l'image de la première baronne d'Irnestal, la célèbre Clotilde de Wittemberg, qui consacra une partie de sa fortune à fonder la maison des orphelines de Rosenthal... demeure paisible où les jeunes filles vont chercher un asile contre leur propre faiblesse ou contre les piéges de la séduction. Il faut bien qu'un pouvoir mystérieux soit attaché à cette image révérée, car à l'époque où le feu du ciel dévora le château d'Irnestal, les flammes s'arrêtèrent comme par enchantement autour de cette tourelle, qui renferme la statue de la baronne... Les traditions du pays prétendent même que le château sortira de ses ruines quand il se sera trouvé parmi les descendans des barons d'Irnestal une femme qui égalera la belle Clotilde en vertu.

MINA.

Il paraîtrait que c'est difficile, car voilà près de quatre cents ans de cela... Mais n'y a-t-il pas dans une vieille ballade sur le château, un couplet qui parle de ce prodige? C'est le dernier, je crois... Chantez-le-moi donc, mademoiselle Marguerite... tenez, rien que ce couplet.

MARGUERITE apercevant Frédéric au dehors.

Plus tard, car voici Frédéric.

Il nous ramène le beau temps, et je puis poursuivre mon chemin... Merci, M. Conrad, de l'hospi-
talité que vous m'avez donnée... et vous aussi, mademoiselle Marguerite, merci de votre ballade ; un
autre jour je viendrai vous prier de me l'apprendre.

(Elle sort.)

SCÈNE II·

FAUST, CONRAD, MARGUERITE.

(Faust se débarrasse d'un manteau qui le couvre.)

MARGUERITE.

Voyez, mon père, il a supporté tout l'orage!...

CONRAD.

J'étais bien sûr, du moins, que le mauvais temps
ne l'arrêterait pas. Eh bien ! mon cher Frédéric,
votre oncle ?...

FAUST d'un air sombre.

Il consent à ce mariage, respectable Conrad ; il
admire vos vertus... il connaît l'aimable Marguerite...

MARGUERITE.

Il me connaît, lui !

FAUST.

Mais il ne peut rien faire en ma faveur... car la
fortune le traite avec la même rigueur qu'elle a pour
vous ; je suis désespéré.

CONRAD.

Cela est-il bien possible? le célèbre Faust...

FAUST.

Hélas ! rien n'est plus vrai ; ses veilles, ses travaux et les services importans que ses découvertes ont rendus à son siècle ne lui ont valu que la persécution ; d'avides créanciers lui disputent jusqu'aux livres où il a puisé son savoir, et bientôt, peut-être, ce Faust, que l'Allemagne admire, se verra forcé d'aller chercher sur la terre étrangère un appui contre l'indigence, et des hommes plus reconnaissans...

CONRAD.

Vous m'affligez vivement, mon cher Frédéric.

MARGUERITE.

Oh ! que ne m'est-il permis, par les soins les plus tendres...

FAUST.

Vous l'entendez, Conrad ; seriez-vous inexorable et refuserez-vous encore de conclure un hymen....?

CONRAD.

Il le faut, mon ami ; vous avez sauvé les jours de Marguerite en la retirant des flots de l'Elbe ; et j'ai laissé son cœur reconnaissant se livrer au charme de son amour, tant que j'ai pensé que nul obstacle ne s'opposerait à votre union ; je touche à la fin de ma carrière, et je voulais laisser un soutien, un protecteur à ma fille ; mais puisque la destinée vous est contraire comme à nous, je dois m'opposer à des nœuds qui vous rendraient encore plus infortunés.

FAUST.

Soutenu par mon amour, je puis tout entreprendre ! et les plus rudes travaux...

CONRAD.

C'est le langage de tous les amans.

FAUST.

Ah! qui pourra jamais sentir tous les charmes d'un amour vrai, si ce n'est celui que poursuit le malheur? Où trouvera-t-il l'oubli de ses peines, de ses privations, si ce n'est auprès de l'objet qui s'est emparé de tout son être?... Celui qui peut être aimé de Marguerite doit brûler de cette flamme où tous les autres sentimens de la vie, où le malheur même vient s'anéantir. Cher Conrad, laissez-moi devenir l'époux de votre fille, et, maître de ce trésor, je puis vaincre la destinée.

MARGUERITE.

Mon père! mon bon père!....

CONRAD.

Je crois à la sincérité de votre amour, mon cher Frédéric; mais rien ne pourra vaincre ma résistance. Je ne veux pas cependant que vous m'accusiez d'injustice. Marguerite vous aime, sa vertu vous répond de sa constance, éloignez-vous : allez parcourir le monde, cherchez la fortune qui vous fuit, et revenez dans trois années réclamer la main de ma fille : cette main vous appartient.

FAUST d'une voix sombre.

Trois années!... plutôt mourir!

MARGUERITE.

Frédéric, mon ami!

FAUST.

Conrad! Conrad, ne forcez pas mon amour à recourir au désespoir.

CONRAD.

Je n'écoute que ma raison!...

FAUST.

Votre raison!.. dites votre folle ambition!.. Pauvre soldat, vieilli dans les camps... Obscur et misérable comme moi, quels sont donc vos titres à la fortune?

CONRAD.

Tu veux les connaître Frédéric? et je veux bien te les apprendre!... tu m'accuses d'ambition... toi, ingrat... Je ne te demande qu'un peu d'or pour assurer le repos de ma fille, et cependant Marguerite peut prétendre à l'alliance d'un suzerain!... Ne vois plus dans le vieux soldat Conrad que le dernier rejetton de la famille d'Irnestal.

FAUST.

Grand Dieu!

CONARD,

Maintenant tu connais mon nom; tu connais ma volonté, obéis.... ou renonce à Marguerite pour jamais.

(Il sort avec sa fille.)

SCÈNE III.

FAUST seul, les suivant.

Conrad !.... Marguerite !.... Ils me quittent....
et j'allais leur révéler à mon tour que Frédéric...
n'est autre que Faust lui-même....... que ce
Faust !... que la fatalité poursuit (*Il se jette dans
un fauteuil et demeure anéanti.*) Voilà donc le prix
de vingt ans de sagesse et de travaux !... C'est donc
en vain que j'ai interrogé le savoir de toutes les
nations et tous les mystères de la nature.... l'indigence !.. l'infamie !.. l'abandon !.. voilà mon partage. J'ai tout appris, tout... et je ne puis posséder
der celle que j'aime !... Faust ! Faust !... c'est trop
long-temps souffrir ! Oh ! qui me révélera cette
science occulte qui l'emporte sur tous les savoirs ?..
Qui me dira où je pourrai trouver ce livre mystérieux qui fait communiquer l'homme avec les in-
telligences du monde inconnu... (*Ici un livre tombe
de la bibliothèque. Sombre musique.*) Dieu ! ce livre
échappé de ces gothiques rayons.... en ce moment... et lorsque ma raison affaiblie (*Il le ra-
masse... avec un cri.*) C'est lui ! (*il lit*) : *Le Véritable
Traité des Sciences occultes !* (*Il l'ouvre :*) *Moyen d'é-
voquer les puissances de l'enfer...* Je frémis !... (*Il
lit :*) « Sous le grand chêne de la forêt de Rosenthal,
« avec les mots qui suivent... et la ferme résolution
« d'une abnégation entière, à la nuit tombante !...
« on est assuré....» (*Il rejette le livre avec horreur.*)
Jamais ! jamais !... Conrad m'a laissé l'espérance...
et l'enfer ne la connaît pas ! (*Il retombe accablé dans
le fauteuil.*)

SCÈNE IV.

FAUST, WAGNER.

WAGNER.

Pardon, mon cher maître, pardon, si votre vieux
Wagner vient vous chercher jusqu'en ces lieux ;
mais il faut bien que vous soyez instruit du dernier
malheur qui vous frappe !... Des officiers de justice
sont chez vous... tous vos meubles, tous vos livres,
tous vos instrumens de physique sont saisis, et désormais vous n'avez plus d'asile.

FAUST.

Grand Dieu ! (*Ramassant le livre avec rage*) Eh
bien ! voici qui me rendra tout !

WAGNER.

Ne vous laissez pas accabler, mon cher maître ;
votre vieux Wagner vous reste ; il travaillera pour
vous ; rappelez-vous combien j'ai déjà secondé vos
travaux mystérieux, quand nous cherchions à Wei-
mar la pierre philosophale, et que j'étais chargé de
souffler le feu de vos fourneaux ; si nous n'avons
pas réussi... ce n'est pas ma faute ! je ne me repo-
sais pas un seul instant !... Ai-je soufflé !!!

FAUST, qui ne l'écoute pas.

Suivez-moi, Wagner. (*Il s'achemine vers la porte
et revient près de celle qui conduit à l'appartement de
la fille de Conrad.*) Conrad !... Marguerite, atten-
dez-moi.

[Il sort avec Wagner ; le théâtre change et représente une sombre forêt dans une vallée ;
un grand chêne est à droite ; sur le sommet de la montagne on voit le château de
Rosenthal. Un grand escalier gothique conduit au château.]

SCÈNE V.

MINA *sortant du château avec son panier vide et descendant l'escalier.*

AIR.

Moi je veux être toujours sage ;
Passez , passez votre chemin ;
Les fillettes de ce village
Ont toutes le même refrain.

Quand je trouve sur mon passage
Quelque garçon malicieux ,
Au lieu d'écouter son langage,
Moi je me dérobe à ses yeux...
En vain de soins on m'environne,
Je sais fuir au charme fatal :
Je ne crains rien, car ma couronne
Est aux ruines d'Irnestal.   (*bis*)

Oui, je veux être sage , etc.

L'autre jour, au fond de la forêt ,
A mes yeux Péters apparaît :
     Il me lutine,
     Il me chagrine,
Je lui dis, finissez, méchant !
Il ne m'écoute pas, vraiment ;
Alors je feins de l'entendre...
     D'un air bien tendre...
Et puis écoutant la vertu ;
Je cours, je cours... ah ! comme j'ai couru !

Oui, je veux toujours être sage , etc

SCÈNE VI·

MINA, FAUST.

FAUST (regardant le chêne) d'une voix sombre.

[Il fait presque nuit.]

C'est ici !

MINA l'apercevant.

Ah ! c'est monsieur Frédéric, l'amoureux de mamselle Marguerite ! Comme il a l'air triste... Ce n'est pas étonnant, il ne se marie plus... C'est singulier comme il ressemble à son oncle ! Je n'ai vu qu'une fois le seigneur Faust ; mais c'est-là tout son portrait ; seulement le neveu est plus jeune, et il n'a pas l'air si savant.

FAUST.

Que fais-tu là, jeune fille?

MINA.

Vous le voyez, je passe mon chemin ; mais je sais bien ce que vous venez faire ici, vous !

FAUST.

Que veux-tu dire?

MINA.

Que vous venez apparemment voir encore une fois mamselle Marguerite avant qu'elle entre aux orphelines de Rosenthal.

FAUST.

Quoi, Marguerite !...

MINA

On l'attend dans cette maison, et toutes les orphelines, qui l'aiment comme une sœur, vont aller au-devant d'elle à travers la forêt ; c'est une véritable fête dans le château de Rosenthal ; mais voici la nuit !.. et, bien que la dame des ruines veille sur moi... je ne voudrais pas, pour tout au monde, me trouver toute seule dans les bois quand le soleil sera couché. Au revoir, M. Frédéric.

(Elle sort en chantant.)

SCÈNE VI.

FAUST seul.

Il est donc vrai ! dans un instant, ces murs vont s'ouvrir pour la fille de Conrad, et je vais être séparé de Marguerite peut-être pour toujours ! (*Avec violence.*) Non, non, je ne puis me résoudre à ce long tourment !... l'amour ! l'amour l'emporte... et déjà... près de cet arbre criminel... il me semble que je commence à brûler de la soif de l'or.

(La nuit couvre la terre ; les vitraux gothiques du château laissent apercevoir une lumière rougeâtre.)

CHŒUR d'orphelines dans le château.

Dans ce séjour, asile où l'innocence
A rencontré la paix et le bonheur,
Nous implorons la céleste clémence
Pour la faiblesse et surtout pour l'erreur.

FAUST.

Ces chants d'amour augmentent mon malheur !

(Ouvrant le livre.)

Je n'écoute que ma tendresse !...
Esprit qui donnes la richesse,
Par ce chêne éternel où tu dictes tes lois,
Parais ! parais ! accours à ma voix !

(Des flammes s'échappent du chêne ; il est violemment agité.)

2

CHŒUR.

Dans ce séjour, asile où l'innocence
A rencontré la paix et le bonheur;
Nous implorons la céleste clémence
Pour la faiblesse et surtout pour l'erreur !

(Le vent, qui redouble, éteint les lampes du château, et fait ployer les arbres de la forêt; on entend un éclat de rire prolongé; le chêne s'ouvre avec fracas: Méphistophélès en sort un sceptre d'or à la main.)

SCÈNE VIII.

FAUST, MÉPHISTOPHÉLÈS avec une figure horrible.

FAUST.

Le voilà ! tout mon courage m'abandonne...

MÉPHISTOPHÉLÈS.

RÉCIT.

Ta voix m'appelle,
Me voici :
J'accours pour toi du fond de la nuit éternelle;
Ordonne, car je veux devenir ton ami.

FAUST.

J'éprouve, en l'écoutant, une secrète horreur !...

MÉPHISTOPHÉLÈS.

Calme ta frayeur, et réponds-moi. Que viens-tu me demander?

FAUST,

La richesse !

MÉPHISTOPHÉLÈS.

Je puis combler tes vœux ; mais, sais-tu ce que j'attends de toi?

FAUST.

Non.

MÉPHISTOPHELÈS.

Je t'appartiendrai durant vingt années ; tu seras à moi pour l'éternité !...

FAUST.

L'éternité !...

MÉPHISTOPHELÈS.

Je ne sers qu'à ce prix.

FAUST, lisant dans le livre.

Je te demande le jour d'épreuve.

MÉPHISTOPHELÈS.

Tu l'auras ! je te servirai jusqu'à demain à minuit... Quand l'heure aura sonné , tu signeras le pacte qui doit nous lier l'un à l'autre... ou tu seras libre ; mais alors je reprendrai les trésors que je t'aurai donnés.

FAUST.

J'y consens.

MÉPHISTOPHELÈS.

Eh bien ! qu'ordonnes-tu ?...

FAUST.

La riche baronnie d'Olfbourg n'a plus de maître...

MÉPHISTOPHELÈS.

Je t'entends , tu veux le devenir ? (*Il fait un signe ; sur une musique souterraine un valet sort du chêne tenant un parchemin.*) La baronnie d'Olfbourg t'appartient ; voici le contrat qui t'en rend possesseur.

FAUST.

Se peut-il !

MÉPHISTOPHELÈS.

Es-tu content ?

FAUST.

Ce n'est pas tout... Tu sais comment la fortune m'a traité.

MÉPHISTOPHELÈS.

Tu veux de l'or? (*deux valets sortent de l'arbre portant des cassettes*) en voici!... Que te faut-il encore?

FAUST.

Tout ce qui peut flatter les yeux et le cœur d'une femme. (*Trois valets pareils aux autres sortent du chêne : ils portent de riches parures.*) Marguerite! tu seras donc à moi!

MÉPHISTOPHELÈS.

Faust, es-tu satisfait?

FAUST

Je le suis!

MÉPHISTOPHELÈS.

Adieu... Si tu as encore besoin de mon secours avant l'heure indiquée, tu frapperas la terre du pied... Maintenant je t'entendrai du bout de l'univers.

(*Il rentre dans le chêne et disparaît.*)

FAUST *aux valets.*

Suivez-moi aux ruines d'Irnestal.

(*Les valets le suivent. On entend de nouveau le chœur des orphelines.*)

SCÈNE IX.

CONRAD, MARGUERITE.

(*Ils arrivent par le premier plan du côté de la forêt. Marguerite s'appuie sur le bras de son père. Il la fait asseoir sur le banc de gazon qui est du même côté.*)

CONRAD.

Repose-toi quelques instans, ma chère Marguerite, je vais frapper aux portes du château de Rosenthal.

MARGUERITE

Oui, mon père; car en ce moment il m'est impossible d'aller plus loin; les détours que vous m'avez fait prendre dans cette forêt...

CONRAD.

Ces précautions étaient nécessaires... Il faut que Frédéric ignore ta retraite. Attends-moi... je ne tarderai pas à te rejoindre.

(Il monte l'escalier du château.)

SCÈNE X.

MARGUERITE seule.

Ah! je suis seule enfin... et je puis pleurer... Mon père est si sévère, que je n'ose lui montrer mes larmes... Frédéric!... trois ans sans te voir... trois ans avec mon amour dans cette paisible retraite... Non, je ne le pourrai jamais!... Et que m'importe la fortune!... que m'importe le nom d'Irnestal... L'amour de Frédéric n'est-il pas le bonheur pour moi? l'amour que j'ai pour lui ne doit-il pas lui tenir lieu de tout sur la terre?... Il me l'a dit, et je le crois... Oh! que sont devenus les doux momens que j'ai passés près de lui... Il me souvient encore du jour où je le vis pour la première fois... Je sortais de la chapelle d'Irnestal... Je venais de prier... Mon ame était remplie d'un vague sentiment d'amour et d'espérance qui me rendait heureuse... Mais pensive... Frédéric s'offrit tout-à-coup à mes yeux... Il se trouva que je l'aimais déjà... que je l'aimais depuis long-temps... Et quand il me sauva des flots de l'Elbe qui m'entraînaient... je ne songeai pas à lui parler de reconnaissance... Il me sembla qu'en me sauvant la vie, il n'avait fait que conserver un bien qui lui appartenait pour toujours! oh! oui, pour toujours! Mais, Dieu! voici mon père! et j'oubliais déjà que les portes de Rosenthal vont se refermer sur moi!... Ah! si je perds Frédéric... tout est fini pour moi... Un effroi mortel s'empare de mon cœur!

SCÈNE XI.

MARGUERITE, CONRAD, LES ORPHELINES,

descendant l'escalier avec des lanternes placées sur de longs bâtons dorés.

CHŒUR.

Venez dans ce séjour,
Aimable Marguerite;
La raison vous invite
A fuir ici l'amour :
Venez, fille chérie,
Au sein de ces forêts
Et passer votre vie
Dans une douce paix.

CONRAD.

Va, Marguerite, va posséder le bonheur et la paix qui règnent dans ce séjour... Tu n'y trouveras que des cœurs pour t'aimer.

MARGUERITE, se jetant dans les bras de son père.

Mon père!

CONRAD.

Chère enfant!... Et vous qui goûtez déjà les dé-

lices de cette retraite révérée, voici la compagne
que je vous ai promise... aimez-la comme une tendre sœur... le cœur d'un père la confie à vos soins
généreux... Marguerite, reçois mes adieux!

MARGUERITE.

Mon père, vous me quittez!... vous abandonnez
votre fille!

CONRAD.

Il le faut... il y va du bonheur de tes jours.

SCÈNE XII

LES MÊMES, FAUST, VALETS.

FAUST.

Non, non... ce sacrifice ne s'accomplira pas! Ar-
rêtez, cher Conrad!... Marguerite est à moi, et ma
fortune me rend digne d'elle et de vous.

MARGUERITE.

Frédéric!...

FAUST.

Daignez pardonner un stratagème coupable!...
Conrad! Marguerite! je voulais éprouver votre cœur
par l'aspect d'une indigence imaginaire, et c'est
Faust lui-même qui est devant vous!

MARGUERITE.

Faust!... ah! mon père!.... Frédéric!...

FAUST.

Venez partager mes trésors! venez habiter avec
moi la riche baronie d'Olfbourg qui m'appartient...
et qu'une fois l'opulence devienne le prix de la vertu
modeste et la récompense du courage malheureux.

CONRAD.

Faust, cet hymen comble mes plus chers désirs !..
Marguerite va trouver un appui dans son libérateur,
et je pourrai mourir sans regrets.

CHŒUR.

Cette alliance solennelle,
Tendres amans, comble vos vœux ;
Brûlez d'une flamme fidèle,
Et vous serez toujours heureux !

MARGUERITE.

Que pour moi ce jour est prospère !
Cet hymen, noble et protecteur,
Du nom révéré de mon père
Relève aujourd'hui la splendeur !

CHŒUR.

Cette alliance solennelle, etc.

(Les valets viennent déposer aux pieds de Marguerite les trésors dont ils
sont chargés. Marguerite se jette dans les bras de son père, et donne une de
ses mains à Faust, qui est à ses genoux. — Les orphelines remontent l'escalier, et, arrivées au sommet, elles se retournent toutes en présentant leurs
couronnes à Marguerite.)

ACTE II.

Le théâtre représente une magnifique salle du château d'Olfbourg, en Saxe.

SCÈNE PREMIÈRE.

WAGNER, MINA.

MINA.

QUEL luxe ! quelle magnificence ! et toutes ces richesses appartiennent au seigneur Faust, lui qu'on disait si pauvre, si malheureux !

WAGNER.

C'est pourtant à moi qu'il doit tout cela.

MINA.

Comment ? à vous ?

WAGNER.

Certainement, n'est-ce pas moi qui lui ai fait trouver la pierre philosophale ? Voilà dix ans que je souffle le feu pour lui. (*S'essuyant le front.*) Nous avons eu bien de la peine ; mais nous en sommes venus à bout ! Par exemple, je ne sais pas trop comment cela s'est fait, car lorsque j'étais lassé de souffler et que je regardais dans le fond de nos creusets pour voir si la pierre philosophale commençait à venir, je n'y trouvais jamais que des cendres : mon maître dit à présent que c'était de l'or ; il faut bien le croire... car je suis entré dans la chambre où sont tous ses trésors ; il y a là de quoi acheter un empire !.. et dire que c'est moi qui lui ai procuré toutes ces richesses !.. car enfin si je n'avais pas été là pour souffler.

MINA.

Combien je vous remercie, monsieur Wagner, d'avoir songé à moi pour être la femme de chambre de la belle Marguerite !

WAGNER.

Je vous ai choisie, ma chère Mina, à cause de votre sagesse et de votre gaîté ; car la belle Marguerite est si triste, si mélancolique !..

MINA.

Oh! reposez-vous sur moi du soin de l'égayer ; je connais toutes les aventures du pays, et je les raconte avec une facilité !.. d'ailleurs, je suis excellente pour le conseil, moi !.. et je lui dirai toute la journée :

AIR.

Voici le bonheur,
Livrez votre cœur
Au plaisir charmant
D'un amour content ;
Pourquoi soupirer,
Gémir et pleurer ?
Auprès d'un époux
Le sort est si doux !

Il faut aux amours
Résister toujours ;
Sagesse et candeur
C'est un grand honneur,

Mais lorsque l'Hymen,
Nous offrant la main,
Vient nous convier...
Il faut s'écrier :
Voici le bonheur,
Livrons notre cœur, etc., etc.

Au sein des grandeurs,
Quels plaisirs flatteurs,
Quel essaim d'amours
Vont suivre vos jours ?..
Et loin de vos nuits
Chassant les ennuis...
Entendez du bal
Le joyeux signal...

Voici le bonheur,
Livrez votre cœur
Au plaisir charmant
D'un amour content ;
Pourquoi soupirer,
Gémir et pleurer ?
Auprès d'un époux,
Le sort est si doux !

WAGNER.

Cette morale est charmante, mademoiselle Mina ; mais je ne vous conseille pas de vous en servir avec la belle Marguerite... Vous ne resteriez pas long-temps avec elle !

MINA.

Oh ! cela n'empêche pas que je sois sage, monsieur Wagner... Je n'irai pas m'exposer à voir la statue d'Irnestal changer la couleur de mon bouquet le jour de mes noces.

WAGNER.

Comment , enfant que vous êtes... Vous croyez...

MINA.

Dame! on le dit dans tout le pays... personne ne l'a vu... mais c'est égal, tout le monde le croit... Quand la statue qui protège le canton veut empêcher un mariage qui doit être malheureux, la couronne et le bouquet de la fiancée changent tout-à-coup de couleur... Et puis c'est fini...

WAGNER.

Quels contes d'enfans!...Mais, silence, voici mon maître avec les nouveaux amis que lui procurent ses richesses!... c'est toujours comme cela... L'aimant attire les métaux, l'or attire les hommes!

MINA.

Je vais achever de faire connaissance avec le château! (*Elle sort.*) Adieu, monsieur Wagner.

SCÈNE II.

WAGNER, FAUST, SEIGNEURS ET VALETS.

FAUST, richement vêtu.

Henri, Rodolphe, Albert, et vous tous, mes amis, qui êtes venus partager les plaisirs de cette brillante journée, rendez-vous aux portes du château pour recevoir la fille de Conrad.

(Les amis sortent.)

WAGNER.

Ah! mon cher maître, quel beau jour pour votre vieux Wagner, de vous voir entouré de tant de magnificence!.. et que je m'estime heureux d'avoir

pu contribuer... (*imitant un homme qui souffle.*)
Ah! c'est que j'y allais de tout mon cœur, d'abord.

FAUST (à part riant.)

Allons , il croit que c'est à ses services que je dois
ma fortune ; laissons-lui son erreur.

WAGNER.

Et quel bonheur vous attend auprès de la vertueuse Marguerite !.. Vous ne pouviez faire un meil-
leur choix... Il y a des femmes qui sont de vrais
démons... mais celle-ci est un ange...

FAUST, avec terreur.

Un ange !.. laissez-moi, Wagner.

WAGNER.

Ce n'est point vous offenser, je l'espère, mon cher
maître, que de vous dire que la douceur angélique
de madame...

FAUST, avec colère.

Laissez-moi, vous dis-je.

WAGNER.

Monsieur... (*à part*), traiter ainsi un vieux serviteur... (*haut*) vous ne me parliez pas aussi dure-
ment , quand nous étions naguère enfermés dans
votre laboratoire et que vous me disiez : *Allons,
mon bon Wagner, allons, mon vieil ami; un peu de
courage! nous approchons, je crois, de la fin de nos
travaux; souffle, mon garçon, souffle toujours, ne te
repose pas...* Dieu sait si je soufflais! Monsieur, je
me serais mis au feu pour vous... Et quand nous
avons réussi... quand j'ai changé votre destinée...
ma présence vous devient importune !.. C'est égal,
mon devoir est d'obéir... Monsieur n'a point d'ordres à me donner pour les apprêts de son mariage ?

FAUST.

Ils sont donnés.

WAGNER.

Ils sont donnés, et à qui, monsieur?

FAUST.

A celui qui désormais me servira... particulièrement.

WAGNER.

Qui vous servira particulièrement... et moi?

FAUST.

Vous resterez toujours à mon service, vous, mon
vieux Wagner; mais j'ai dû prendre pour exécuter
mes ordres secrets un valet plus jeune, plus alerte...

WAGNER.

Plus jeune, plus alerte! c'est-à-dire qui n'aura
point passé dix années de sa vie à travailler pour vous
enrichir... Ainsi, c'en est fait; vous me retirez votre
confiance... Ah! monsieur, je n'ai plus rien à dire;
ce dernier trait me navre le cœur... Et peut-on savoir
quel est le second maître que monsieur m'a choisi?

FAUST.

Vous allez le voir (*frappant du pied.*) Holà!

SCÈNE III·

LES MÊMES, MÉPHISTOPHÉLÈS, en grande livrée rouge.

(Il entre par une porte sans l'ouvrir; il s'y fait un craquement
épouvantable.)

MÉPHISTOPHÉLÈS.

Me voici!

FAUST.

Que l'on s'occupe sans retard des apprêts de mon

mariage avec **Marguerite**, et que tout soit préparé
dans le château pour la recevoir avec une magnificence digne de sa beauté, de ses vertus.

MÉPHISTOPHELÈS (à part.)

Ce mariage n'est pas encore fait!

FAUST.

Pour vous, mon vieux Wagner, je vous charge
d'ordonner le festin.

WAGNER.

C'est fort heureux que monsieur me croie encore
bon à quelque chose ; je vais de ce pas...

MÉPHISTOPHELÈS

Ce n'est pas néccssaire ; j'ai songé à tout : le dîner
est prêt à être servi.

WAGNER,

Ah! ah !.. et tout-à-l'heure il n'y avait pas une
étincelle de feu dans la cuisine!

MÉPHISTOPHELÈS.

J'ai passé par-là, et maintenant il y a un feu d'enfer... Ah! ah! ah!

LES VALETS.

Ah! ah! ah! ah!

WAGNER.

Sont-ils insolens de rire comme cela devant leur
maître?.. Monsieur... Monsieur, êtes-vous sûr que
tous ces gens-là ont de bons répondans? êtes-vous
allé aux informations? avez-vous vu leurs certificats?

FAUST.

Oui, ils sont parfaitement en règle (*Avec gaîté.*)

Ils ont servi dans les meilleures maisons de Vienne et de Berlin. Allez, Wagner; conduisez ces jeunes gens à l'office.

MÉPHISTOPHÉLÈS.

En effet, ils doivent avoir besoin de se rafraîchir; car ils viennent d'un pays où il fait terriblement chaud.

WAGNER (à part.)

Enrichissez vos maîtres par votre travail!... Ah! si j'avais su que c'était un jour pour nourrir ces drôles-là, je n'aurais pas tant soufflé. Suivez-moi... (*Entre ses dents.*) Drôles!..

(Wagner sort ; les laquais le suivent.)

SCÈNE V.

FAUST, MÉPHISTOPHÉLÈS.

MÉPHISTOPHÉLÈS.

Ainsi, maître, tu es bien décidé à épouser la fille de Conrad.

FAUST.

C'est le seul bonheur où je puisse désormais prétendre! Sans Marguerite, toutes tes faveurs me seraient importunes.

MÉPHISTOPHÉLÈS.

Maître, quelle est donc ta faiblesse? tu peux commander à l'univers, et te voilà l'esclave d'une femme!.. Elle est jolie... c'est vrai; mais si l'on était obligé d'épouser toutes les jolies femmes qu'on aime...

FAUST.

Moi, séduire Marguerite, la tromper, outrager son

point son vieux père. Ah! s'il n'eût fallu qu'abuser son inexpérience, ton secours n'était pas nécessaire; la terre a ses ruses comme l'enfer, et quand il ne faut que soumettre ou tromper une femme, il y a toujours dans le cœur de l'homme un pouvoir naturel qui vaut tous les enchantemens; mais ici, j'avais la fortune à vaincre, et c'est pour cela que j'ai recherché ton horrible alliance.

MÉPHISTOPHELÈS.

Horrible! sais-tu, cher maître, que le mot n'est pas trop aimable pour ton fidèle serviteur?

FAUST

Quand je serai l'époux de Marguerite, je te haïrai moins peut-être...

MÉPHISTOPHELÈS

En vérité! je ne conçois rien à cette ardeur de mariage qui te dévore!.. n'as-tu donc jamais entendu parler des infortunes conjugales de mon cousin Belphégor?... Qu'espères-tu du mariage... si le diable lui-même ne peut pas y tenir?..

FAUST.

Ah! si Belphégor eût rencontré Marguerite, il n'aurait plus voulu quitter la terre... Mais quels accens!.. c'est-elle, c'est la fille de Conrad... je vole à sa rencontre!...

MÉPHISTOPHELÈS.

Et moi je vais tout employer pour rompre cette alliance...Tôt ou tard, les vertus de Marguerite éveilleraient un repentir dans l'âme de son époux... et cette âme doit m'appartenir tout entière.

SCÈNE VI.

MÉPHISTOPHÉLÈS (qui se tient à l'écart.) **FAUST**, **MARGUERITE** (avec une couronne de roses blanches et un bouquet entièrement blanc.) **CONRAD**, LES SEIGNEURS, LES VALETS.

MARGUERITE.

Air :

O douce journée,
Heure fortunée,
Que cet hyménée
A mon cœur
Promet de bonheur.

Près de mon époux, de mon père,
Cherchant dans le ciel mon appui,
Que mon sort doit être prospère !
Mon bonheur commence aujourd'hui.

O douce journée,
Heure fortunée,
Que cet hyménée
A mon cœur
Promet de bonheur.

(A Faust.)

O toi qui rends à mon vieux père
L'éclat dont jadis il brilla,
Tu viens de finir sa misère...
Va, mon amour te le rendras !

O douce journée,
Heure fortunée,
Que cet hyménée
A mon cœur
Promet de bonheur.

CONRAD.

Je ne reviens pas de ma surprise ! Vous, Faust, maître de ce domaine immense... et entouré d'une pompe presque royale...

MÉPHISTOPHELÈS (à part.)

Tout cela lui coûte assez cher !..

MARGUERITE.

C'est le prix de ses travaux, mon père; c'est la récompense de ses longues veilles.

CONRAD.

Je le sais, et la renommée de Faust rend à mes yeux ses richesses bien naturelles... mais savez-vous, mon ami, que pour le vulgaire tout ceci va paraître tenir de la magie...

FAUST (distrait.)

Vous croyez ?

CONRAD.

C'est que votre position ressemble beaucoup, mais beaucoup à celle du baron Rodolphe le Noir, d'infernale mémoire !... On le croyait pauvre, accablé de dettes... et voilà qu'un beau jour il se trouva possesseur du château d'Inerstald, qui appartenait à mes ancêtres, et dont j'habite aujourd'hui les ruines... Vingt ans après, le pacte étant expiré, on sut à quoi s'en tenir sur les richesses du baron. L'infâme !... changer son âme contre un peu d'or.

MÉPHISTOPHELÈS à part.

Un peu ! on voit bien qu'il n'était pas son trésorier, lui.

FAUST.

Mais pourquoi nous occuper de ces tristes images ? Venez, Conrad ; venez, ma chère Marguerite, visiter avec moi ce château, où vous allez régner en souveraine. (*A sa suite.*) Vous, faites les apprêts du banquet nuptial.

(Ils sortent.)

SCENE VII·

MÉPHISTOPHÉLÈS, Valets.

MÉPHISTOPHÉLÈS.

(Aux valets.)

Faites ces apprêts dans la grande salle de verdure!... mêlez aux fleurs tout l'éclat de l'or et des pierreries... unissez la pourpre au feuillage... qu'une magnificence royale soit déployée partout... Allez. (*Les valets sortent.*)

Moi, esclave d'un homme!... et le ciel devait être mon partage!... Eh bien! je servirai! je servirai... cette orgueilleuse créature... qui se dit le roi de la terre... et j'augmenterai si bien les sujets de mon sombre royaume, que les cieux ne seront qu'une vaste solitude auprès des enfers... Faust... Faust... bientôt... tu seras mon esclave à ton tour!... Et combien je dois te haïr?... Tes lumières et tes travaux ont rendu les hommes meilleurs;... mais je veux tout tenter pour empêcher cet hyménée; un pouvoir plus grand que le mien veille sur la vertu de Marguerite... c'est le cœur de Faust qu'il faut attaquer... S'il aime passionnément la fille de Conrad... ce n'est pas le premier homme que j'aurai rendu infidèle... C'est plus facile avec ces dames... je le sais... mais Faust ne sera pas invulnérable. Aucune beauté, dit-il, n'égale Marguerite dans ce monde; c'est possible; mais nous pouvons en trouver dans l'autre. (*Sombre musique, signes magiques*). Phryné, Laïs, Sapho, Rodope, Cléopâtre, Aspasie... secouez la poussière de vos tombeaux, et reparaissez sur la terre... parées de ces attraits qui fixèrent jadis les regards de l'Europe et de l'Asie : c'est un ordre qui doit vous plaire, car vous allez revivre pour l'amour. (*Une mélodie se fait entendre, la terre s'ouvre, et aux accords des théorbes, les ombres de Sapho, d'Aspasie, de Phryné, de Laïs, de Cléopâtre, de Rodope, etc., etc., sortent de la terre brillantes de grâce et de beauté et sous le costume des dames châtelaines du temps. Au même instant le théâtre a changé doucement d'aspect, et maintenant il représente une double salle de verdure ; celle du fond est fermée par des voiles de pourpre et d'or.*) Maintenant attirons le seigneur Faust en ces lieux... S'il reste fidèle à Marguerite, je désespère de le rendre jamais raisonnable.

CHŒUR D'OMBRES.

Revivre pour aimer, c'est le bonheur suprême,
Mais quel est donc le cœur qu'il nous faut engager ?
S'il n'aime pas encor, il faudra bien qu'il aime,
Et s'il aime déjà nous le ferons changer.

SCENE VIII.

MÉPHISTOPHÉLÈS, LES OMBRES, FAUST.

FAUST, attiré comme par un prestige.

Que vois-je ? et quel enchantement a réuni dans ce séjour tant de grâces et tant d'attraits ?

MÉPHISTOPHÉLÈS bas.

Vous le voyez, cher maître, on peut encore trouver sur la terre des femmes aussi belles que la fille de Conrad.

FAUST interdit.

J'éprouve à les regarder je ne sais quel charme surnaturel.

MEPHISTOPHÉLÈS.

(*A part.*) Bon ! je crois qu'il y prend goût. (*Haut.*) Vous voyez devant vous, seigneur, les dames châtelaines des alentours qui viennent embellir de leur présence la fête de votre mariage.

FAUST distrait.

Non !... je n'aurais jamais cru que la Saxe renfermât autant de merveilles.

SAPHO (s'approchant avec sa lyre.)

Air :

Plaisir d'aimer embellit l'existence ;
Craignez l'Hymen et ses mortelles lois :
L'Amour toujours a vécu d'inconstance,
Plaire et changer, voilà ses plus beaux droits.

Pourquoi vouloir, tendre et fidèle,
  Languir auprès d'une beauté ?
    Il vaut bien mieux à chaque belle
      Demander la félicité !
Sapho, jadis, aimant sans espérance,
  Mourut, ô regrets superflus !
Mais aujourd'hui de sa constance,
  Sapho ne mourrait plus,
    Non, non, de sa constance,
      Sapho ne mourrait plus.

Plaisir d'aimer embellit l'existence ;
Craignez l'Hymen et ses mortelles lois :
L'Amour toujours a vécu d'inconstance ;
Plaire et changer voilà ses plus beaux droits.

FAUST (à Méphistophelès.)

Elle me parait belle,
Oui, mais ce n'est pas elle ;
Mon cœur brave sa loi.

MÉPHISTOPHELÈS.

Pourquoi ?

FAUST

Marguerite a ma foi !

CHŒUR DE FEMMES.

Plaisir d'aimer une beauté nouvelle ,
Pour un grand cœur
Fut toujours le bonheur !

FAUST.

Venez, aimables châtelaines , venez prendre place
au banquet nuptial , mais n'y chantez pas les charmes de l'inconstance , car malgré vos grâces et vos
attraits, c'est Marguerite seule que je veux adorer.

MÉPHISTOPHELÈS (à part.)

Allons , il faut bien vouloir ce qu'on ne peut empêcher... je me donnerais au diable de bon cœur...
si je n'étais le diable moi-même.

Méphistophelès fait un signe et les voiles du fond en se relevant laissent voir la table du
banquet sous des arbres ornés de guirlandes , et somptueusement décorée ; ou voit
entrer des convives au travers les arbres ; ils viennent prendre place autour de la
table , mais sans s'asseoir. Ce tableau doit être très vaporeux. (L'orchestre joue en sourdine
une marche mélancolique

SCENE IX.

LES MÊMES, CONRAD, MARGUERITE, MINA.
SUITE BRILLANTE.

CONRAD.

Je suis satisfait, mon cher Faust, votre fortune égale celle des plus grands princes de l'Allemagne, et ce qui la rend encore plus brillante à mes yeux, c'est que votre richesse est le prix d'honorables travaux... Qu'on dise maintenant que le mérite ne conduit pas à la fortune !

MÉPHISTOPHELÈS, à part.

Oui, mais il faut que le diable s'en mêle un peu !...

CONRAD.

Faust, je vous confie le bonheur de Marguerite, c'est un ange que je vous donne : puissiez-vous être toujours digne de ses vertus.

FAUST.

O mon père, recevez ici mon serment... Et vous, à qui le sang ou l'amitié me lie, prenez part à mon bonheur en voyant dans la fille de Conrad, dans la vertueuse Marguerite... l'épouse adorée qui vient embellir mon sort.

[Il la prend par la main et la présente à l'assemblée ; pendant ceci une musique triste remplit la scène. Marguerite passe d'abord avec Faust devant les ombres. Une terreur involontaire s'empare d'elle.]

FAUST.

Marguerite, vous pâlissez.

MARGUERITE regardant autour d'elle avec terreur.

Je ne puis définir ce que j'éprouve !... Une secrète terreur glace mes sens... Mon ami, ne l'éprouvez-vous pas comme moi?... On respire ici l'air du tombeau. (*Avec un frissonnement d'horreur.*) J'ai froid.

CONRAD.

Quel présage !

MINA.

Ma bonne maîtresse, calmez-vous.

FAUST

Marguerite, rassurez-vous, vous n'êtes entourée que d'amis et de parens.

(Il la conduit du côté où sont les seigneurs ; en passant devant Méphistophelès , elle s'arrête encore frappée de terreur.)

MARGUERITE.

Et celui-là... quel est-il ?

FAUST.

Le plus fidèle de mes serviteurs.

MARGUERITE.

Lui... lui ! Ah !... que sa présence me gêne !... C'est la première fois que je vois cet homme... et je sens que je le hais.,. Que dis-je? ses regards me rongent le cœur. Mina... Mina... regardez... Vous rappelez-vous... dans la chapelle d'Irnestal... ce tableau où l'archange Michel réprime le démon.

MINA.

Eh bien !

MARGUERITE.

Regardez... regardez les traits de cet homme.

MINA.

Vous trouvez qu'il ressemble à l'ange Michel ?

MARGUERITE.

Non !... non !... à l'autre ! à l'autre. Mon père... mon père, ne me quittez pas.

MORCEAU D'ENSEMBLE.

FAUST.

Bannissez une crainte vaine ;
Voici la main de votre époux ;
Car bientôt la plus douce chaîne
Va fixer mon sort près de vous.

CHŒUR.

Bannissez une crainte vaine, etc.

MARGUERITE.

Mon amour me rend mon courage,
Pardonnez, allons...

FAUST.

Qu'en ce jour
Cet anneau devienne le gage
De notre hymen, de notre amour.

(Au moment où il va placer l'anneau au doigt de Marguerite, la couronne de roses
blanches et le bouquet nuptial deviennent noirs.)

TOUS.

Ciel !

MARGUERITE.

Je me meurs. (*Elle tombe dans les bras de Mina.*)

CONRAD.

Exécrable prestige ?

Ma fille !

MÉPHISTOPHELÈS.

Quel pouvoir a donc fait ce prodige ?

CHŒUR.

Hélas ! sur ses traits enchanteurs
La mort a répandu ses affreuses couleurs.

MARGUERITE *égarée*.

Il est là, près de nous ; ah ! sauvez-moi mon père,
Dans l'abîme éternel il voudrait m'entraîner.

(Se débattant.)

Laissez-moi ! Dieu ! j'entends sonner
L'heure fatale et funéraire,
Où l'âme du damné s'en va quitter la terre.
Frédéric.

FAUST.

Marguerite.

MARGUERITE égarée.

Ah ! voici le démon.

CHŒUR.

Quel prestige effrayant a troublé sa raison ?

MARGUERITE (au comble du délire.)

Roi des enfers, respecte ma couronne :
Elle n'est plus pour toi ; c'est l'amour qui la donne.

(Elle revient près de Méphistophélès , pousse un cri horrible et s'enfuit.)

CONRAD et les convives.

Quittons , amis, quittons ces lieux ,
Car cet éclat, cette opulence
Lui sont venus par la puissance
De quelque démon odieux.
Fuyons, fuyons , fuyons ces lieux.

(Les convives se dispersent.)

SCENE X.

FAUST, MÉPHITOPHÉLÈS, les ombres, ensuite WAGNER (accourant.)

FAUST.

Conrad, Marguerite !

WAGNER.

Ah ! mon cher maître, fuyez, fuyez, s'il en est
temps encore ! Le château est investi par les soldats
de la justice de Wittemberg ; ils viennent vous arrêter sur un ordre du grand-duc.

FAUST.

M'arrêter !

WAGNER.

On vous accuse de sortilége et de magie.

FAUST à Méphistophélès.

Eh bien ! ton pouvoir ?

MÉPHISTOPHÉLÈS.

Tu vas le connaître : diriges-toi par ces bosquets
vers les rives de l'Elbe ; je vais retenir ces soldats
en ces lieux ; mais songe qu'à minuit...

FAUST.

A minuit... si Marguerite est à moi !

WAGNER.

Fuyez, mon cher maître, fuyez ; si vous perdez
votre fortune, eh bien ! nous soufflerons encore.

(Faust prend un manteau et s'éloigne.)

SCENE XI.

MÉPHISTOPHÉLÈS, LES OMBRES, SOLDATS.

FINALE.

CHOEUR DE SOLDATS.

Cherchons le coupable,
Ne balançons pas ;
Son crime effroyable
Le livre au trépas.

LES OMBRES entourent les soldats.

Pourquoi cette rigueur extrême ?
Calmez, calmez votre courroux...
Ah ! verra-t-on la beauté même
Prier en vain à vos genoux.

LES SOLDATS.

Résistons à leurs charmes ,
A leurs empressemens ;
Ne rendons pas les armes
A leurs regards charmans.
Cherchons le coupable.

MÉPHISTOPHELÈS.

Arrêtons leurs pas !

LES SOLDATS.

Son crime effroyable
Le livre au trépas !

LES OMBRES entourent les soldats.

Pourquoi cette rigueur extrême ,
Calmez , calmez votre courroux !
Pourriez-vous voir la beauté même
Prier en vain à vos genoux ?

ENSEMBLE

A la beauté rendre les armes ,
C'est un sort rempli de douceur.
Oubliez auprès de nos charmes ,
Oublions auprès de leurs charmes
Et la justice et sa rigueur.

(Chaque ombre enlace un soldat avec une guirlande. Danse ; d'autres ombres vont
chercher des coupes sur la table , et les présentent aux soldats. On reprend le chœur.

UN SOLDAT entrant.

Faust a touché l'autre rivage :
Tous les chemins lui sont ouverts.

MÉPHISTOPHELÈS.

Il est sauvé ! ! !

LES SOLDATS.

Demain, je gage,
Nous retrouverons ce pervers,
Aujourd'hui soyons sans alarmes !

MÉPHISTOPHELÈS (à part.)

Voici la nuit ; retournons aux enfers.

(Il étend la main sur les ombres; elles se voilent.)

LES SOLDATS.

A votre tour rendez les armes.

LES OMBRES.

Non !..

LES SOLDATS.

Et dans ces heureux instans
Près de nous soyez sans alarmes !

LES OMBRES.

Non !...

LES SOLDATS

Montrez-nous vos traits charmans.

LES OMBRES.

Non !...

LES SOLDATS.

Allons, point de résistance !
Amour... obéissance...
Ne cachez plus ce sourire enchanteur.

LES OMBRES

Vous le voulez...

LES SOLDATS.

Oui, cédez !..

(Les ombres rejettent leurs voiles; ce ne sont plus que des fantômes horribles qui s'engloutissent aux éclats de la foudre.)

LES SOLDATS (saisis d'épouvante.)

O terreur !!!

MÉPHISTOPHÉLÈS (Il disparaît avec les ombres.)

Ah ! ah ! ah ! ah !

FIN DU DEUXIÈME ACTE.

ACTE III.

Le théâtre représente un site aride ; à gauche de l'acteur est une vieille tourelle en ruines, dernier débris du château d'Irnestal, et qui sert de demeure à Conrad.

SCÈNE PREMIERE.

MARGUERITE, CONRAD.

MARGUERITE.

Air :

Oui, je veux retourner auprès de mon époux ,
Et désarmer du ciel le trop juste courroux.
O mon père , je vous implore...
Voyez , voyez tous mes tourmens ,
Près de celui qu'ici j'adore ,
Hélas ! guidez mes pas tremblans.
Et toi , Faust , ô Faust , espère ,
L'enfer n'est pas fait pour toi ;
Viens , un avenir prospère
T'attend auprès de moi.
Écoute ma prière ,
Fuis l'abîme éternel ,
Écoute ma prière , et suis—moi vers le ciel.
O mon père, je vous implore, etc.

MINA.

Calmez—vous, chère Marguerite ! Mina reste auprès de vous ! elle ne veut plus vous quitter !

CONRAD

Tu tenterais en vain de me fléchir, renonce à
jamais à cet homme coupable, Marguerite le ciel
te l'ordonne!...

MARGUERITE.

Le ciel... oh!.. non mon père, le ciel m'ordonne
plutôt de l'arracher au danger qui le menace, au
châtiment éternel qui l'attend... ah! mon père, ne
soyez point inexorable, laissez-moi le revoir... ma voix
pénètrera dans son âme... je ferai tomber le bandeau
magique qui couvre ses yeux... et quand je l'aurai
sauvé, mon père, quand je l'aurai sauvé... alors je le
fuirai si vous me l'ordonnez encore, car mon premier
bonheur est de vous obéir.

CONRAD.

Eh bien, écoute la raison, et remplis ma volonté. Viens te reposer sous le toit paternel et près
de la statue révérée qui protège ces ruines... Demain au point du jour je te conduirai moi-même
aux orphelines de Rosenthal, et dans cet asile tutélaire le temps effacera de ton cœur l'image de
Frédéric.

MARGUERITE.

Ah, ... jamais, mon père ; jamais!... du moins
tant qu'il sera malheureux... Grand Dieu, c'est lui
que je vois.

MINA passant de l'autre côté.

Je n'ose plus le regarder.

SCENE II.

LES MÊMES ; FAUST, arrive en désordre.
Pendant cette scène un sourd roulement de timballes.

FAUST.

Marguerite.... Conrad.

CONRAD d'une voix forte.

Arrête, Faust, et n'approche plus de cette paisible demeure ; l'asile des vertus et de l'innocence t'es désormais fermé sur la terre comme dans le ciel, et la malédiction des hommes te suivra partout.

MARGUERITE.

Mon père.

CONRAD.

Venez, Marguerite. Le ciel a mis entre vous deux toutes les profondeurs de l'abîme, et votre âme noble et pure n'est pas faite pour partager son horrible destinée.

MARGUERITE, que son père entraîne.

Faust, Faust... un repentir...

CONRAD entraîne Marguerite ; MINA les suit. La porte de la tourelle est fermée.

SCENE III.

FAUST seul.

Renoncer à l'éclat qui m'entoure ! aux richesses dont je puis disposer : jamais. Mon sort est arrêté... Mais perdre Marguerite, la perdre sans retour..... Ah ! cette pensée vient accabler mon cœur !... Ç'en

est fait, la fille de Conrad doit m'appartenir, n'importe à quel titre... (*On entend des éclats de rire
sourds et prolongés*). Dieu! c'est encore lui On dirait qu'il entend la pensée du mal.

SCENE IV.

FAUST, MÉPHISTOPHÉLÈS.

MÉPHISTOPHÉLÈS.

Je ris en pensant comme ces gens de justice ont
été attrapés... Sans moi, cher maître, vous seriez
à présent au fond des cachots de Wittemberg, et
dans quelques jours peut-être sur des fagots coupés
au grand chêne de Rosental... Ah! ah! ah!

FAUST.

Fais-moi grâce de ta lugubre gaîté : je ne suis
pas content de toi.

MÉPHISTOPHELÈS.

Maître, vous êtes difficile... Trouvez-moi sur la
terre un serviteur plus fidèle et plus adroit.

FAUST.

Oui, mais c'est par tes affreux prestiges que je
perds sans retour la fille de Conrad.

MÉPHISTOPHELÈS.

Que vous importe? avec vos richesses vous trou-
verez dans la Saxe trente jeunes filles qui ne 'de-
manderont pas mieux que de vous consoler, et qui
n'exigeront pas que vous les épousiez pour ça.

FAUST.

Eh bien, je me livre à tes perfides conseils... Je ne
puis être l'époux de Marguerite.... Conrad me rejette
avec horreur; sa fille elle-même redoute à présent

mon amour... Fais-moi parvenir jusqu'à elle : pour prix de ce service, à l'instant même notre pacte est conclu.

MÉPHISTOPHÉLÈS.

Vous voilà donc raisonnable ?... Maître... j'aurais mieux aimé vous voir oublier entièrement Marguerite, et changer, comme tant d'autres, de maîtresse et d'amour ; mais il paraît que vous n'êtes pas encore tout-à-fait à la hauteur du siècle : cela viendra ; en attendant, contentons-nous de vos nouvelles dispositions... par ce moyen d'ailleurs, Marguerite, cet ange de sagesse, sera bientôt des nôtres, et c'est une proie qui n'est pas à dédaigner ; ce n'est pas que nous manquions de jolies femmes dans les enfers ; au contraire, on dirait que toutes ces dames s'y donnent rendez-vous ; mais la fille de Conrad est faite pour être distinguée partout.

FAUST à part.

Malheureux !

MÉPHISTOPHÉLÈS.

La nuit couvre déjà la terre ; suis-moi.... je te conduis dans l'asile mystérieux où va reposer la fille de Conrad. C'est là que nous signerons notre traité.

FAUST (d'une voix sombre.)

J'y consens. (*La nuit vient.*)

CHŒUR invisible.

Dans cette ombre tutélaire,
Nous saurons en ce séjour,
Assurer par le mystère
Le triomphe de l'amour.

(Pendant le chœur, Faust et Méphistophélès sont descendus dans les entrailles de la terre et sur la fin du chœur le théâtre a changé. Maintenant il représente la chambre de Marguerite, dans la tourelle où est la statue de Clotilde ; cette statue est dans le fond, placée dans une niche ; le lit de Marguerite est à côté, de l'autre un prie-Dieu, sur lequel est un vase garni de fleurs et une lampe qui brûle. La niche où est la statue de Clotilde est fermée par un rideau bleu parsemé d'étoiles d'argent.)

SCENE V.

MARGUERITE, MINA.

(Marguerite entre toute pensive et vient s'asseoir à droite. Mina porte une autre lampe qu'elle place sur la table.

MINA.

Puisque votre père y consent, je vais passer la nuit près de vous... vous aurez moins peur et moi aussi...

MARGUERITE.

Je te remercie, bonne Mina...

MARGUERITE.

Voilà donc la chambre où est la statue d'Irnestal...

MARGUERITE.

Elle est-là... cachée par cette draperie...

MINA.

Voulez vous me permettre de regarder si ma couronne est encore attachée à son piédestal...

MARGUERITE.

Oui, Mina... mais souvenez-vous que jamais personne n'ouvre ces rideaux sans prier...

MINA.

Je m'en souviens...

MARGUERITE (avec des larmes.)

Mina... prions pour lui !

(Musique tendre et mélancolique. Mina va tirer les rideaux qui cachent la statue de ruines, et se prosterne. Marguerite est à genoux sur le devant de la scène.

MARGUERITE.

Ah !.. chère Mina... n'as-tu rien entendu ?..

MINA.

Rien... que le vent qui balance les arbres... et le murmure de l'Elbe qui coule près d'ici...

MARGUERITE.

Non... ce n'est pas cela... il me semblait qu'un long gémissement.

MINA.

Vous vous êtes trompée, chère Marguerite...

MARGUERITE.

Non... non... on eût dit que cette statue... quel nouveau présage...

MINA.

Oh! finissez donc... ou vous allez m'effrayer... maintenant c'est à peine si j'oserais regarder du côté de cette statue.

MARGUERITE (s'asseyant.)

Mina... viens t'asseoir auprès de moi... nous parlerons de lui.

MINA.

De qui... chère Marguerite...

MARGUERITE.

De Faust... quel autre que lui pourrait m'occuper sur terre... je l'aime tant... Mina, que si je n'écoutais que mon cœur, je le suivrais partout.

MINA, avec un cri.

Partout!

MARGUERITE écoutant.

Ah!.. encore!... As-tu entendu?...

MINA.

Rien.... Marguerite... vos sens sont troublés... votre imagination est encore frappée des prestiges de la journée... mais... ici... nous n'avons rien à craindre... nous sommes seules... Et l'image de Clotilde veille sur nous.

MARGUERITE.

Oui, tu as raison... Tiens... place-toi là.

MINA.

Oui, là, bien près de vous. (*Elle s'assied près d'elle*). Maintenant, pour nous empêcher d'avoir peur, Marguerite, achevez-moi la ballade du château d'Irnestal.

MARGUERITE.

Volontiers, Mina. Tu te souviens que dans le troisième couplet on dit que le feu du ciel dévora le château d'Irnestal, et qu'il ne resta que cette tourelle,,, où l'on avait caché cette statue?

MINA.

Oui, je m'en souviens.

MARGUERITE.

Un jour une beauté modeste,
Saura par un amour pieux,
Désarmer le courroux céleste,
Soudain, on verra dans ces lieux
De ces ruines solennelles
Sortir le manoir féodal,
Avec ses bois, et ses tourelles !
Qu'il sera beau le château d'Irnestald !

ENSEMBLE.

Qu'il sera beau, etc.

En chantant ceci, elles s'endorment ; la musique prend un autre caractère. Le chœur invisible se fait encore entendre ; et Faust et Méphistophélès sortent des entrailles de la terre couverts tous deux du même manteau noir.

SCENE VI.

LES MÊMES endormies ; FAUST , MÉPHISTOPHÉLÈS.

MÉPHISTOPHÉLÈS.

Te voici près de la fille de Conrad... J'ai tenu ma promesse... l'heure va sonner où tu dois tenir la tienne.

FAUST.

Donne !

Méphistophélès lui remet des tablettes; il les place sur la table, et s'apprête à écrire. La draperie de la statue se ferme d'elle-même. On entend un sourd gémissement. Faust s'arrête.

Qu'entends-je ?

MÉPHISTOPHÉLÈS.

Ce n'est rien... L'âme de quelque pauvre mortel qui envie le bonheur qui t'attend. Tous les hommes voudraient bien se donner à moi ; mais je ne me donne pas à tous les hommes.... Tu balances, je crois.

FAUST.

Non ; je cède à ma destinée (*Il signe*). Es-tu content ?

MÉPHITOPHÉLÈS.

Oui, car ta main n'a pas tremblé. Pour te prouver mon zèle... je veux bien te révéler un secret... que je pourrais me dispenser de t'apprendre. (*Il tire les rideaux de la statue*). Vois-tu cette image d'airain ? Apprends que le salut de Marguerite est attaché à la couronne qui pare le front de cette statue.

FAUST.

Se peut-il ? Cette couronne....

MEPHISTOPHÉLÈS.

Protège l'innocence de la fille de Conrad, deviens-en possesseur... et Marguerite est à toi... Adieu, Faust... triomphe... sois heureux... Demain, du sommet du Bloskberg.... nous prendrons notre essor vers la France.... c'est la patrie des jolies femmes... L'image de Marguerite ne t'y suivra pas. Ah, ah, ah, ah. (*Il disparaît.*)

SCENE VII·

LES MÊMES endormies ; FAUST.

FAUST.

Hâtons-nous.... les instans sont précieux. Mais... cette jeune fille... c'est la compagne de Marguerite... elle dort d'un profond sommeil.... Marguerite.... Marguerite...

MARGUERITE.

Qui m'appelle ? Mon père... est-ce vous ?

FAUST.

C'est Faust ; c'est ton époux.

MARGUERITE.

Grand Dieu ! Mon père... mon père !

FAUST se mettant au-devant d'elle,

Silence !

MARGUERITE.

Malheureux ! qui t'a conduit ici.... Fuis.... fuis. Je te l'ordonne (*tombant à ses pieds*) : je t'en prie.

FAUST.

Marguerite, âme de ma vie ; seul objet qu'il me soit permis d'aimer dans toute l'étendue de la terre et du ciel ; résigne-toi, Marguerite, car tu m'appartiens pour toujours.

MARGUERITE.

Cruel, qu'oses-tu dire ?

FBUST.

Tu m'appartiens, te dis-je ; eh ! qui pourrait nous séparer ? La nature m'est soumise, les élémens obéissent à ma voix. Parle ; quels sont les déserts où tu veux cacher mon bonheur ? quel est le trône où tu veux monter ?

MARGUERITE.

Insensé, penses-tu m'éblouir par ces brillantes chimères, et connais-tu si peu le cœur de Marguerite ? Faust, il est donc vrai, un pacte affreux te lie avec l'ennemi du genre humain ?

FAUST.

Oui, je suis à lui afin que tu sois à moi... les rigueurs de Conrad m'ont poussé dans l'abîme.

MARGUERITE.

Infortuné, apprends que mon père, attendri par mes larmes, consentait à me laisser tenter un dernier effort sur ta raison... demain, avec l'aurore, je devais aller te chercher au milieu de tes fausses grandeurs, pour te ramener dans cette modeste demeure où le bonheur nous attendait.

FAUST.

Ne t'abuses pas... le secret de ton orgueil m'est

révélé, vois-tu cette couronne de fleurs qui pare cette statue?

MARGUERITE.

Je frémis!

FAUST.

Tu dois être la conquête de celui qui la possédera, le moment est venu où ta destinée doit s'accomplir, cette couronne est à moi! Je ne la donnerais pas pour toutes les couronnes de la terre. (*Avec trans- port.*) Marguerite!..

MARGUERITE.

Faust, que ton regard est horrible, ton âme ne t'appartient déjà plus... Mon père, mon père!... Mina, réveillez-vous!

FAUST.

C'est moi seul que tu dois désormais appeler, personne ne t'entendra plus sur la terre.

MARGUERITE.

Quelqu'un du moins peut m'entendre dans le ciel.

DUO.

Air :

Quelle nouvelle ardeur,

Remplis soudain { mon / son } cœur

Il s'agite!

Il palpite!

Marguerite !

Implore / J'implore } un Dieu vengeur,

Viens finir { mon / son } bonheur.

(Il s'avance vers le piédestal, la statue s'abîme dans un tourbillon de flammes. Coup de tonnerre.)

FAUST.

Je suis trahi'

(Il tombe accablé sur un fauteuil. Mina se réveille en poussant un cri)

SCENE VII.

LES MÊMES, CONRAD (une épée à la main.)

CONRAD.

D'où vient ce bruit? que vois-je! Faust auprès de
ma fille... lâche, viens-tu déshonorer les cheveux
blancs d'un vieux soldat... ah! que plutôt cette
épée...

MARGUERITE.

Arrête, mon père... il ne s'est pas encore repenti.

Air :

Ciel protecteur, pour lui je vous implore,
Ne laissez point ce noble cœur périr,
Et sur son front, s'il en est temps encore
Faites ici planer le repentir.

(On entend les sons des harpes célestes)— (Pendant cette prière on voit la statue
remonter du sein de la terre. La statue tient Méphistophélès par le bras, et c'est en
vain qu'il veut échapper à cette étreinte de fer.)

MÉPHISTOPHÉLÈS.

Faust, Faust, toi seul peut m'arracher à ces bras
d'airain.

FAUST.

Moi seul!

MÉPHISTOPHÉLÈS.

J'ai voulu saisir cette couronne dans les entrailles
de la terre, je suis tombé sous un pouvoir plus
grand que le mien, fais cesser le supplice que j'é-
prouve, toi seul le peux; ce bronze me l'a dit!

LA STATUE.

C'est vrai (*bruit d'airain.*)

FAUST.

Eh bien ! quel service me rendras-tu ?

MÉPHISTOPHELÈS.

Quel trône de la terre veux-tu ?

FAUST.

Rends-moi le pacte que j'ai signé.

MÉPHISTOPHELÈS.

Quoi ? tu voudrais renoncer...

FAUST.

Aux richesses, aux grandeurs, aux plaisirs que tu donnes, pour redevenir digne de Conrad et de sa fille.

MÉPHISTOPHELÈS.

N'as-tu pas signé volontairement !.. le pacte est conclu. (*Le bras de la statue le serre plus fort.*) Faust, Faust, délivre-moi...

FAUST.

Liberté, pour liberté, rends-moi la mienne.

MÉPHISTOPHELÈS (jettant les tablettes à ses pieds,)

Sois libre !

FAUST.

Retourne aux enfers. (*La statue laisse aller le bras de Méphistophélès, qui s'abîme aux éclats de la foudre.*)

MÉPHISTOPHELÈS (en disparaissant.)

Ah ! ah ! ah ! ah !

(Le bronze de la statue s'est changé en or, et le théâtre en s'ouvrant laisse voir le château d'Irmstal relevé dans toute sa magnificence, avec ses eaux jaillissantes et ses bosquet de roses ; les vassaux de Conrad d'Irmstald entourent leur maître.)

FAUST (à ses pieds)

Ah , Marguerite.

SCENE DERNIERE.

Les mêmes , CONRAD, MINA, WAGNER. Suite.

WAGNER.

Mon maître , mon cher maître.

FAUST.

Rassure—toi, mon vieux Wagner, le prestige est fini.... mon bonheur commence.

MARGUERITE à Conrad.

Faust est digne à présent d'être votre fils.

CONRAD.

Les oracles sont accomplis, le château d'Imnestal est sorti de ses ruines et c'est aux vertus d'une autre Clotilde que nous devons ce miracle.

CHŒUR GÉNÉRAL.

Célébrons un hymen prospère !
De l'enfer le ciel est vainqueur ;
Toujours , toujours sur cette terre
La vertu conduit au bonheur.

FIN.